Francesco Carrara: Commemorazione

Salvatore Sangiorgi

In the interest of creating a more extensive selection of rare historical book reprints, we have chosen to reproduce this title even though it may possibly have occasional imperfections such as missing and blurred pages, missing text, poor pictures, markings, dark backgrounds and other reproduction issues beyond our control. Because this work is culturally important, we have made it available as a part of our commitment to protecting, preserving and promoting the world's literature. Thank you for your understanding.

SALVATORE SANGIORGI DI MARIA

FRANCESCO CARRARA

COMMEMORAZIONE

PALERMO
STABILIMENTO TIPOGRAFICO VIRZÌ

1900.

(Estratto dal *Circolo giur.*, parte I, vol. XXXI, 1900)

DEC 20 1930

FRANCESCO CARRARA

COMMEMORAZIONE (1)

Signori,

Oggi in questo luogo augusto non risuonerà la parola della scienza che giudica, ma il grido del cuore che piange. Arduo a tutti parlare di Francesco Carrara in nome della scienza, a me tornerebbe impossibile. Francesco Carrara vivo ne era argomento di nazionale alterezza; morto ne è cagione di amaro scoramento. Dove è il gagliardo che conquisterà l'altezza cui egli pervenne? che farà trionfare sul mondo il valore della sapienza giuridica italiana? Oh quanta

---

(1) Pubblichiamo con piacere la commemorazione di Francesco Carrara che il nostro egregio e rimpianto amico avv. Salvatore Sangiorgi Di Maria lesse nella grande aula dell'Università a 14 marzo 1888. Vivo, egli si ricusò a pubblicarla. Lui morto, abbiamo pregato la minore sorella a volerci dare il manoscritto, ed ella con squisita gentilezza ce lo ha dato.

Il lavoro sembra scritto da ieri, ed è ben degno di vedere la luce. Lo riproduciamo tal quale fu da lui dettato.

LA DIREZIONE.

parte del nostro orgoglio cadde con lui nel sepolcro! Verrà il **giorno** in cui verrà l'uomo con cui la scienza inciderà su questo **sepolcro** il suo giudizio; ma il giorno non è questo, l'uomo non son io: oggi qui per me si paga un tributo di affetto, di ammirazione, di riconoscenza. Che, se al modesto recinto dei nostri convegni vien sostituita la maestà di questo luogo, egli è perchè rifulga più bello il tributo del cuore qui nel tempio del pensiero e fra i suoi combattenti.

Usando una formula giobertiana, che quarant'anni addietro si impose come affermazione del passato e ambizione dell'avvenire, può l'Italia chiamarsi *principe* nelle materie criminali. Le imperfette e perplesse nozioni che i romani giureconsulti ne ebbero rimanevano dovunque incorporate, senza propria suità, alla legislazione giustinianea, quando da noi si formavano una dottrina e una scuola autonome di diritto penale, donde uscivano completi trattati innanzi che scrivessero Anton Matteo in Olanda, e Boemero e Carpzovio in Germania. Qui primamente dalla chiosa della legge giulia di maestà e della legge cornelia dei sicarii si assorgeva alla trattazione razionale, che era alla dommatica quello che la chimica e l'astronomia all'alchimia ed alla astrologia.

Nel 1764 Beccaria indaga l'essenza della giustizia sociale e la deriva dalla divina, indaga la natura della legge penale e la insegna conforme a giustizia, chiara, uguale per tutti, interpretata restrittivamente; detta le norme di una procedura pubblica, razionale, efficace.

Al 1791 Romagnosi cerca la genesi del magistero punitivo, ne dimostra l'esistenza, ne fissa i confini e le proporzioni, investiga i modi di prevenirne l'esercizio e di applicarne i principii riguardanti l'esercizio medesimo.

Nel 1808 Carmignani, già assicurate le basi della parte generale, entra nella speciale. Nuovo Linneo, dà alla scienza una classificazione rigorosamente metodica.

Ecco disegnato tutto un programma nelle sue linee generali e fondamentali. Quali erano i fini che si proponeva? come si svolse? Due quesiti dalla cui soluzione emerge intera la figura del Carrara.

Quel programma aveva uno scopo pratico, l'umanità delle pene; aveva uno scopo teoretico, lo studio del reato come entità astratta. L'uno importava lotta contro la ferità medievale, e perciò riconoscimento e rispetto della personalità umana; l'altro sostituzione del rigore scientifico all'empirismo della casistica.

Quel programma si svolge violato dalla intrusione di elementi stranieri, ma salvato dalla costanza del genio italiano.

Il movimento di rinnovazione cominciato in Italia ci tornò dalla Francia nelle forme simmetriche di un codice; però codificato da una nazione nella quale Francesco I al 1539 aveva promulgato la famosa ordinanza di Villers-Cotterèts, la quale, rimessa in vigore da Luigi XIV al 1670 e contornata da una mano di editti temprati alla stessa fucina, era in vigore rimasta sino all'89; nazione che contava tra i suoi maestri di giure criminale i Poujet, i Vouglans, i Lemaistre, e nella quale filosofi, come Diderot, che preparavano la rivoluzione, combatteano contro Beccaria e in favore della tortura (1).

In quel codice che veniva imposto agli italiani o dalla spada o dalla mania imitatrice, i nostri giuristi videro profondamente disformato il programma già posato così nettamente nei primi anni del secolo. Non principii razionali sul dolo, sulla colpa e sulla imputabilità; nessuna gradazione nella penalità dei maleficii consumati e dei tentati, e sulle varie misure della cooperazione, nessuna scusa nascente dall'impeto di giusto risentimento; la morte minacciata con prodigalità giacobina. Quando la critica formerà l'inventario dei beni e dei mali cui la rivoluzione francese dette origine in Italia, la tarpata evoluzione del diritto penale non apparirà certamente nella colonna degli utili.

(1) Per avere un'idea del diritto penale francese. V. CARRARA, *Opusc.*, vol. VI, pag. 402.

La nostra coscienza giuridica reagì contro l'importazione francese.

La riazione cominciò ad appalesarsi nei due progetti di Codice penale e di codice di procedura penale del Regno italico, elaborati da insigni penalisti e sottoposti a diverse revisioni in sui principii di questo secolo. Nell'Italia meridionale la resistenza fu viva. La legge 20 maggio 1808 sui delitti e le pene (cui si rannestò l'altra del 22 maggio dello stesso anno sulla giustizia correzionale) aveva pòrto un codice tutto proprio. Sopraffatto nel 1812 dalla legislazione francese del 1810, la scienza protestava in Napoli col Liberatore, in Palermo col Foderà, finchè questo spirito di riazione spingeva alla codificazione del 1819. Negli Stati Sardi l'anno 1839 cessavano le vecchie costituzioni, e prendeva impero un codice, modellato sul francese, ma con emende e correzioni. In Toscana alla legislazione leopoldina del 1786 succedeva il codice francese; ma al 1853 vi era pubblicato un codice nel quale nessuna traccia riscontrasi di sovrapposizione forestiera se non forse un lontano sentore di dottrina tedesca, poichè prese per tipo il codice badese del 1845, sebbene però combinato spesso con le osservanze giudiziali toscane (1).

Mentre la legislazione reagiva, la scienza reagiva e lavorava.

L'impulso dato da Beccaria, da Romagnosi, da Carmignani, non quietò nell'inerzia, ma provocò una febbrile attività di studii. I cultori del diritto penale sorsero a schiere in tutte le province di Italia. Negli Stati Sardi Onnis, Cenina, Albini, Poletti; in Toscana Mori, Buonfanti, Poggi, Puccioni; nelle Due Sicilie Raffaelli, Lauria, Canofari, Roberti, Nicolini; nel Lombardo-veneto Albertini, Anfossi, Nani, Bellone, Saleri, per ricordare i migliori. Fu una gara di sforzi per costruire l'edificio italiano del diritto penale. Tutti lavorarono sulle varie parti di esso, tutti portarono la loro pietra. Ma a chi la lena, a chi mancò la vita; taluno piegò sotto il peso della ser-

---

(1) *Opusc.* di CARRARA, vol. III, pag. 403 e 405.

vitù, altri divise l'energia della vita tra la scienza e la patria. Onde studii frammentarii che aspettavano il loro posto in una completa sistemazione della scienza, o anche tentativi di una completa trattazione, dove perfetti, dove monchi; in un luogo maturi, in altro affrettati. Intanto però la scienza s'era arricchita di un materiale grande per mole, per dottrina, per virtù di pensieri e di sentimenti. Mancava ancora l'organizzatore, l'architetto.

Così giungesi fino al 1859.

All'alba della unificazione d'Italia comparisce il programma di Francesco Carrara.

Chi era egli? (1).

Un avvocato eloquente, abile, erudito; un uomo che studiava e meditava da quarant'anni; uno spirito vasto, comprensivo, armonico che assorbiva, cribrava, elaborava il materiale scientifico accumulatosi in Italia da un secolo per disciplinarlo in compatto organismo di scienza. In Italia era ignoto.

Nato nell'anno in cui Napoleone cinse in Milano la corona di ferro, aveva nell'Università di Pisa ascoltato le lezioni di Giovanni Carmignani, la cui fama ebbe molti anni dopo a rivendicare contro la levità di un giudizio di Cesare Cantù. Ivi apprese i cardini sui quali si adagia la scienza filosofica della ragion penale, la distinzione fra imputazione e pena, fra quantità e grado nel delitto come nella pena, la notomia del delitto e della pena decomposti nelle rispettive loro forze così fisiche che morali; la ricerca del criterio della quantità del delitto nelle sue forze oggettive o nelle soggettive del criterio del suo grado onde trovare la quantità e il grado corrispondente nella penalità. Ivi raccolse la dottrina abolizionista dal labbro venerato del maestro e la chiuse come fede vivissima

---

(1) « Io non ebbi coraggio di presentarmi al pubblico come autore se non dopo varcato di lunga mano il cinquantesimo anno della mia vita » *Opusc.*, VI, pag. 263).

nell'animo suo per mere deduzioni logiche di principii speculativi, fede poi confermata nello attrito delle pratiche osservazioni.

Reduce da' suoi studii in Toscana, circostanze di famiglia lo ridussero nel 1831 ad intraprendere l'esercizio del patronato criminale nella nativa Lucca, già nel 1805 convertita a principato e nel 1831 composta a ducato sotto il governo di Carlo Ludovico di Borbone.

Da Lucca correva a Firenze ad ascoltare le lezioni che Giuseppe Puccioni, succeduto a Jacopo Maria Paoletti e a Guido Angelo Poggi, dettava dalla cattedra di giurisprudenza criminale pratica costituita con sovrano rescritto del 22 febbraro 1778. Lo intese inveire contro i suggesti di ogni maniera, contro le inutili restrizioni, contro i birreschi artificii e contro tutti i ruderi dell'antica barbarie orientale: caldeggiare con generosa espansione gli interessi del cittadino sottoposto a inquisizione criminale e propugnare i diritti della difesa de' rei, non guardando in questa con insipiente gelosia un nemico stoltamente temuto da mantenersi per rispetto alla pubblica opinione, ma una alleata della giustizia, alla quale una sola cosa deve interessare, vale a dire il discoprimento del reo.

A Lucca intanto si dedicava su larga scala al patronato de' rei. Là trovava vigente il codice penale francese del 1810, conservato in tutta la sua pristina crudezza, poiché le modificazioni recatevi in Francia al 1832 non erano state in Lucca accettate, dove anzi era allargato con più esorbitante severità. In questi sedici anni vide frequentissime le accuse capitali; vide parecchie volte prodigare la galera a vita per il furto di pochi polli o di un arnese rusticale (1); e i venti e i venticinque anni di galera per il graffio recato a un carabiniere. Fece argomento di studio ufficiale la clinica delle prigioni, dove passava lunghe ore in colloquio con i suoi clienti, avanti il giudizio, durante il giudizio e dopo la condanna, persuaso potersi

---

(1) Lo dice pure nel vol. VI, pag. 41.

apprendere la storia psicologica del delitto meglio che nelle accademie o negli scrittoi di un tribunale o di un ministero, nei familiari colloquii fra detenuto e patrono.

Intanto sorgeva il settembre del 1847 che per patti sovrani aggregava Lucca a Toscana.

Il 12 ottobre la tromba del precone Pallavicini chiamava i Lucchesi alla piazza. Ivi udivano leggere il primo editto che ai nuovi sudditi inviava Leopoldo II. In quell'editto, come caparra del suo paterno regime, il novello sovrano salutava i Lucchesi coll'abolizione della pena di morte.

Dopo avere insegnato modestamente per dodici anni nel Liceo di Lucca, al 1859 chiamato a Pisa, saliva sulla cattedra illustrata dall'ingegno, dal sapere e dalla parola di Giovanni Carmignani.

Là pubblicava l'opera sua, monumento di gloria che egli s'era costruito con sapienza e invitta pazienza. Tosto il grido della sua fama, già soffocata entro i confini toscani, correva trionfalmente per tutta Italia, e, varcando monti e mari, invadeva ogni culto paese d'Europa. Allora gli onori piovvero su di lui. Naturalmente fu creato cavaliere e commendatore; indi deputato (1) e al 1876 senatore. Ma, uomo di speculazione, la serenità dell'intelligenza e dell'animo suo non reggeva alle lotte della vita pubblica.

Deputato come chi non comprende e non è compreso, passò inosservato tra i mediocri; senatore, non prese parte mai a nessuna discussione politica (2). Preferì la quiete degli studii e di Pisa; Pisa,

---

(1) Parlando dei pochi anni di sua vita politica dice: « .... nei pochi anni durante i quali io sedetti inutilmente nelle aule legislative, e dico inutilmente per il paese; ma utilmente per me, poichè se ne colsi frutto di disinganno e di sfiducia nell'avvenire, ne guadagnai però molta istruzione pel desiderato contatto di uomini dotti e virtuosi e sapienti » (*Progr. e regr.*, IV, pag. 109).

(2) Egli dice: « Ritrattomi oramai da lungo tempo dalla vita politica, per la quale non ho alcuna capacità » (*Opusc.*, VI, pag. 127).

diventata centro dal quale egli, ricercato da legislatori e da popoli, da discepoli e da maestri, da giureconsulti e da ammiratori, dirigeva, signoreggiandolo, tutto il movimento del diritto penale.

Questi era l'uomo che coordinava il materiale immenso disseminato in tanti studii, fondeva in un tutto armonico i lavori frammentarii e i tentativi imperfetti di una intera sistemazione della scienza, completava l'edificio esclusivamente italiano, le cui fondamenta erano già poste al principio del secolo, educava una generazione di giuristi italiani.

Egli si definì un raccoglitore. Giammai infatti scrittore di cose penali aveva tesaurizzato più vasto patrimonio di sapere. Le nozioni del diritto romano; le sottigliezze, le astruserie, le distinzioni scolastiche dei pratici; i responsi della giurisprudenza e della storia; le produzioni scientifiche di ogni nazione, le legislazioni, italiane e le estere, le antiche e le moderne, tutto mise a contributo nella sua opera questo atleta della fatica e della pazienza, tutto gli fornì modo a cesellare con fine compiacimento di artista le parti più minute del suo grandioso concepimento. E ove altro non venga considerato, egli esattamente si definisce un raccoglitore. Ma porre in alto dei principii o in giù le conseguenze trattene col magistero di una logica inesorabile; disporre le varie parti di una dottrina con sapiente economia e collegarle in una compagine siffattamente equilibrata e salda che mai acutezza di sguardo non potè e non potrà discuoprirvi una incoerenza od una stuonatura; presentare un grande quadro di dottrine in tanta maestrevole guisa che il tutto e le parti, le cause e gli effetti, i principii e le applicazioni si imprimono nello spirito di chi legge o di chi studia, precisamente e limpidamente; ecco qualche cosa di più d'una riuscita rapsodia o d'una questua fortunata; è il genio che crea l'ordine della sintesi dal tumulto delle analisi.

Superiormente esposi come il programma posato nelle sue linee generali ai principii di questo secolo avesse due fini, la mitigazione delle pene e lo studio aprioristico del reato.

Riassunta la figura di Francesco Carrara, franca la spesa esaminare se e come, giunti con lui al periodo di maturità, il movimento iniziato da Beccaria, Romagnosi e Carmignani, ne mantenne per opera di lui i tratti caratteristici.

Il diritto di punire, secondo Carrara, risale a due grandi principii, la giustizia assoluta e la difesa dei diritti dell'uomo. Il bisogno della difesa è la prima causa del gius di punire. La giustizia ne determina limiti e misura. Il precetto di giustizia violato non basta ad attribuire al braccio umano l'autorità di punire se la difesa pubblica o privata non lo richiede. Da questi principii, senza mai defletterne, senza transigere o patteggiare mai, egli deriva con rigore di geometra tutta la serie delle applicazioni. La sua opera è un sillogismo, nel quale, posta come proposizione maggiore la tutela giuridica limitata dalla legge di giustizia, discende caso per caso alla conseguenza di una punizione che presidii la società senza ledere la giustizia. La bandiera dell'umanitarismo è dunque l'oriflamma al quale fu consacrata tutta la sua vita; la legislazione penale condotta nella via dei miti castighi e della emenda del reo, l'apostolato al quale si dedicò. Il carnefice non ebbe nemico più implacabile di lui, accusatore che gli lanciasse in viso con maggiore successo ragione e sentimento, pratica e speculazione.

Diventato per un istante poeta, cantava nel 1862 la morte del boja di Lucca: *e tu sii l'ultimo — dell'empia stuolo — che ammorbi l'aere — del patrio suolo = Il vaticinio — accolse Iddio — non più carnefice — pel popol mio*. Interrogato nel 1863 dal Ministro Pisanelli sulla progettata estensione delle leggi penali sarde alle provincie toscane, l'idea di potere, con quelle, rivedere la mannaja in opera, lo inorridisce, e, benchè confessi brutta cosa essere la gravità delle pene, non esita a respingere un affetto di simmetria, dal quale conseguirebbero l'ingiustizia e la perpetuazione dell'errore. E due anni più tardi, paventando la febbre di simmetria onde pareva posseduta l'Italia tornasse a rizzare il patibolo nella sua gentile Toscana, mandava agli Italiani dall'Ateneo pisano la celebre dimostrazione che l'unitá non è condizione del giure penale (1).

Quanto all'altro dei fini proposti all'ingegno italiano si deve asserire che lo studio *a priori* del delitto considerato come una astrazione raggiunse per il Carrara l'apogeo della sua perfezione. Egli dette alla scienza un codice nel quale le forme delittuose sono descritte e classificate con precisione mirabile e interamente. Havvi ancora, per fermo, delle parti chiedenti una ulteriore elaborazione; citerò a cagion d'esempio la materia della bancarotta, nella quale egli stesso diceva che un trattato completo e filosofico ai fini penali è tuttora un desiderio (2); ma il lavoro grandioso della edificazione è compiuto. Rimangono lavori secondarii di abbellimento; accessorii, pur di una relativa importanza, da sviluppare.

Già dissi, nel compendiare lo svolgimento del diritto penale italiano in questo secolo, come esso, diretto con costanza alla meta assegnatagli, dovè ribellarsi contro la violenza delle eresie francesi che gli si sovrapponevano, e potè, grado a grado, spogliarsene. In questa tendenza a ricostituire l'unità ideale alla scienza patria palpitava il sentimento della italianità compresso dalla politica.

Nell'opera del Carrara si riproduce integralmente questo movimento di riazione, vibra sonora questa nota di italianità. La Francia, che già aveva violato la nostra coscienza giuridica col suo codice, seguitò a violarla colla sua scienza. Di là ci vennero lavori colossali sull'infanticidio destinati a insinuare la convenienza di punirlo irremissibilmente di morte e negare alla fanciulla tradita la scusa del pericolo dell'onore. Di là vennero gli scritti indirizzati al Parlamento subalpino per indurlo ad occasione del nuovo codice pe-

---

(1) V. *Prog. e reg. del giure penale*, vol. VII, pag. 19. Nota e opuscoli, vol. 2, opusc. XI.

(2) Diceva pure del falso: « La materia del falso documentale è nella scienza criminale una Sfinge; nè io pretendo di esserne lo Edipo: dico solo che questo Edipo non è anche sorto » *Prog. p. spec.*, vol. VII, § 3675.

nale a toglier via la così detta bruttura del punire con più mitezza il tentativo del delitto consumato, e del non punire ogni complice alla pari dell'autore principale. Colà si pubblicarono manuali a guida dei giudici istruttori nei quali è loro consigliato di usare delle prolungate segrete come mezzo di tortura a estorcere le confessioni degli inquisiti. Di là partì l'insegnamento che quando una femmina à usato mezzi abortivi si debba senz'altro presumere la realtà della gravidanza per la difficoltà della legittima verificazione del corpo del delitto. Carrara fu inesorabile contro queste bestemmie. Le annientò col raziocinio, le bruciò colle fiamme del suo generoso entusiasmo, fedele sempre tenacemente alle tradizioni nazionali.

In questo modo, con quest'uomo veniva tirato al suo pieno svolgimento il programma disegnato da Beccaria, da Romagnosi, da Carmignani. Ultimo e sommo degli scrittori generati da quel connubio della metafisica col sentimento, egli ne chiude splendidamente il ciclo. Oramai, come arme di guerra contro la barbarie, il diritto penale à perduto la ragione del suo essere; come scudo della società apparisce insufficiente; come descrizione e classificazione di forme delittuose è materia vicina al suo esaurimento. Volendo ormeggiare quel sistema, si è condannati alla sterilità: ripetizione di concetti vecchi con parole nuove e ordine diverso.

Il Carrara sentiva questa verità e voleva aprire nuovi orizzonti alla operosità scientifica degli Italiani. Sin dal 12 novembre 1876, inaugurando l'anno accademico, invitava i giovani a riconcentrare le loro fatiche nella materia del procedimento penale. Questo, diceva, è il campo da mietere nell'attuale vicenda delle dottrine penali. Ed a ragione lo diceva. Quello è campo ricchissimo e in molti de' suoi angoli inesplicato, in altri superficialmente o tostamente esplorato; campo, dove rimangono tuttora velenose spine da sradicare e utilissimi frutti da raccogliere, senza dei quali la cultura del giure punitivo forza è che confessi di rimanere alla metà del suo cammino. Guardate le nostre leggi di rito penale. Leggi composte nella loro origine a forma di centoni, per articoli raccattati qua e là, e posteriormente regalate di nuovi rammendi da numerosi revisori, non possono presentare unità di concetto e quella logica aderenza al medesimo che è la suprema beltà di una legge. L'Italia libera à visto per due volte riformarsi il procedimento penale con i due codici del 1859 e del 1865; cattivi ambedue, e filiazione legittima di quello pubblicato in Piemonte l'anno 1847, il quale era stato esemplato sul codice di istruzione francese. Ambedue questi codici l'Italia si è visto imporre per un colpo di mano, improvvisati dal Ministero ad occasione di poteri eccezionali a lui conceduti per fine di guerra, quasicchè la guerra non dovesse combattersi contro gli Austriaci, ma contro tutte le libertà civili, oppure ad occasione di un mandato di fiducia conferito dal Parlamento senza previsione di ciò che sarebbe stato fatto dal Ministero. Notabilissimo sarà questo fatto nella storia della legislazione contemporanea: i rappresentanti della nazione sono stati chiamati a dissertare e discutere se io potevo essere chiamato, o no, a pagare una tassa di cinque centesimi, ma non mai sono stati chiamati a discutere se tutte le più interessanti forme del rito penale potessero o no manomettersi a beneplacito di un pubblico funzionario senza pena di nullità. In Toscana le guarentigie delle libertà civili furono diminuite di due terzi mercè la sostituzione del Codice di procedura del 1865 alle Dichiarazioni e Istruzioni del 30 novembre 1838. Il Carrara protestava contro questo regresso cui erano stati condannati i suoi concittadini. Al tocco di una piaga sanguinante ogni giurista toscano era costretto a gridare essere stato un sogno sperare che le libertà civili acquistassero larghezza dalle libertà politiche (1). Che i limiti dei poteri di arresto sieno indecisi e vaghi, e vaghi e indecisi i poteri dei Tribunali debbono dirlo pur troppo

---

(1) Sulla scarsezza e incertezza delle libertà civili in Italia vedi A. GABELLI, *La libertà in Italia* nella *Nuova Antologia*, anno XXIX, fasc. del 1° novembre 1889.

i cittadini della libera Italia, ma non lo dicevano davvero i toscani sotto gli ordini instituiti dal Granduca dispotico. Allora la balia degli arresti preventivi stringevasi per solenne disposizione di legge nei limiti più angusti possibili, imposti per sanzioni impreteribili ai pubblici funzionarii, e mantenevasi in suo pieno vigore lo spotestamento dei birri, che era stato una delle grandi opere del despota riformatore Leopoldo I. Nè vi si vedeva un processo capitale consegnato alla inesperienza di un vice-pretore, nè confusa la informazione preliminare e la ordinaria, nè miseramente disprezzato il costituto obbiettivo, nè chiamati i magistrati a giudicare delle proprie operazioni, nè alternate nello stesso individuo le funzioni di accusatore e di istruttore, le funzioni di istruttore e di sindaco della irregolarità e della incompletezza nello stesso procedimento, nè le più importanti guarentigie del rito prescritte con enfatiche parole, ma senza sanzione di nullità. Quanto alle cautele per la innocenza non se ne possono trovare di più larghe e di migliori di quelle che il regolamento austriaco concedeva ai Veneti.

La procedura onde era stata governata Lucca fino al giorno della sua aggregazione a Toscana, procedura illustrata dal Carrara; la legislazione delle Due Sicilie, riconosciuta come una delle migliori, potevano esibire argomento di studio per il nuovo procedimento penale italiano. Fra i riti insomma delle varie province, senza esame rejetti per la tendenza di unificazione e per odio contro ogni emanazione dei governi dispotici, potrebbero rintracciarsi provvedimenti non ispregevoli. Bisognerebbe dai varii metodi antichi e moderni succedutisi nei diversi Stati d'Italia, sceglierne il meglio, e comporne, del più che fuvvi di buono, un insieme enucleato senza predilezione di paese; nel quale ciascuna provincia ritrovasse conservato il bene da lei un tempo goduto, e un compenso della novità nella miglioria.

Fu divisamento del Carrara di imprendere appunto questo lavoro appena avesse ultimata la pubblicazione del suo Programma. Ma il tempo venne meno a' bei desiri. Gli anni con troppa velocità stremarono le sue già deboli forze, e rassegnato a dover portare seco nella tomba tanto desiderio, piantava un germe fecondo, schiudeva ai giovani ingegni d'Italia una via da battere con utilità e fortuna.

Per ciò non ereditammo da lui un intero trattato, ma frammenti di dottrina ritologica. Scrisse sul riassunto presidenziale, su alcune quistioni concernenti la giuria, sulla libertà di corrispondenza fra accusato e patrono, sull'abuso e la vergogna dei compari nel processo penale, sulla latitudine dei poteri del Pubblico Ministero, il gran Lama, sulla indipendenza della legge penale dalla legge giurisdizionale, sulla individuità della giurisdizione di appello. E scrisse anche pagine eloquenti, ma, pur troppo, inascoltate, e, non so perchè, sinora non ricordate, contro la unificazione delle Corti di cassazione, frenesia di dottrinarii e speranza di affaristi; sciagurato mezzo di rendere la difesa privilegiata ai ricchi, ed ai poveri irrisoria; errore politico che spezza bruscamente secolari, luminose, venerande tradizioni, mutila centri importanti di vita giuridica, ferisce nel cuore città dove pure furono versati fiumi di sangue per la libertà e l'indipendenza. Nel cuore, io dissi e ripeto. Se si trattasse di un solo spostamento di materiali interessi, la Sicilia non si muoverebbe, poichè ella preferisce essere inghiottita da' suoi tre mari prima che divelta dall'amore della gran madre comune. La Sicilia si muove perchè si sente colpita nel suo passato, nel ricordo delle sue glorie, in tutto ciò che ànno di più caro i popoli forti, liberi e civili.

In due punti agì precipuamente l'efficacia degli studii ritologici di Francesco Carrara, il carcere preventivo e la quistione del segreto inquisitorio. A' suoi attacchi brillanti devesi quella corrente della pubblica opinione, che, investendo il potere esecutivo e il legislativo, li determinò alla legge 30 giugno 1876 sui mandati di comparizione e di cattura e sulla libertà provvisoria.

Quanto al segreto inquisitorio egli, con vedute originali, mise la quistione in un punto medio, cui si potrebbe facilmente accedere dagli estremi i più divergenti. Lasciato in pace il segreto, che è retaggio della polizia, finchè le opere di questa non ci ruinano addosso le catene corporali e l'isolamento, e finchè non si tratta di operazioni invadenti la nostra personalità e distruttivi per sempre dei mezzi di difesa, non voleva si formulasse l'attacco contro l'istruzione segreta, ma contro gli effetti di essa. Lo *jus defensionis* del mio domicilio, della mia roba e della mia persona non mi dànno facoltà di oppormi in modo assoluto; quel mio *jus* si sviluppa in una opposizione *secundum quid*. Si svolge: 1° nel diritto di sindacare se veramente sia conforme alla legge la visita domiciliare, o il sequestro, o lo arresto; 2° nel diritto di assistere o di fare assistere alla visita del sequestro perchè i relativi processi verbali sieno conformi a verità; 3° nel diritto di mettere innanzi le mie ragioni affinchè il sequestro cessi quanto più presto deve cessare; 4° nel diritto che sieno esattamente ed integralmente verificate ed accertate le condizioni materiali di quelle cose che potranno poi servire di base alla prova per offesa o per difesa. Con questa misurata riforma saremmo ben lontani dall'abolizione di ogni segreto nel periodo inquisitorio, progetto pur sostenuto da una plejade di valorosi scrittori, Keller, Seuffert, Prins, Pergameni, Rollins, Vladimirous, Lucchini; ma quanti errori giudiziarii non verrebbero cansati; quante umiliazioni e sofferenze risparmiate; quanti sarebbero evitati di quei processi, che ora, costruiti nel mistero, senza garentie, senza diligenza, senza controllo, sotto l'incubo di una pertinace presunzione di trovar sempre rei, squagliano al cimento dei pubblici dibattimenti, con sicuro danno del prestigio delle autorità e della fiducia dei cittadini nella legge!

Forse il Carrara sarebbe andato più oltre nel cammino delle innovazioni; ma confessava con dolore che andare più oltre non si può senza una previa riforma della curia. Egli che in cento luoghi de' suoi sedici volumi ricorda con orgoglio i suoi quaranta anni di esercizio forense; egli che erompe in uno scoppio di sdegno a vedersi tolto il vecchio gallone dal sacro pileo e strappato di

— 24 —

sulle quali il reverendo laico, emblema della libertà della difesa, nel ricordare l'indole degli antichi penetrino della gravità dei suoi doveri portasse una nobile e fervida l'pena del suo ministero esempio imitabile di rassegna alle leggi Apostoli della mitezza delle pene, e rivela tratti l'animo del bel progetto del Codice penale del 1867 perchè comuni una pena troppo blanda a ... il quale rende il suo ... « Si sostenga la dignità della virtù in poco meglio che non si fa, ma se ne reprimano i ... in modo vero e ...: Virgilio stesso, nel suo Inferno i patroni infedeli ai clienti non oblio che perniciosi i propri genitori » (1).

A questo punto mi fermo un istante per raccogliere in una formula sintetica tutto l'insieme dell'opera di Francesco Carrara, e vedere in che cosa e come possa e debba essere ulteriormente integrata a Modo, posta fra i precedenti già sviluppati che la spiegano, e i susseguenti, che la Enciclopedia sponda entro più precisi confini.

Secondo il Carrara la metafisica del diritto penale propriamente detto è destinata a proteggere i colpevoli contro gli eccessi della autorità sociale; la metafisica del diritto procedurale è per sua missione di proteggere tutti i cittadini innocenti ed onesti contro gli abusi e gli errori dell'autorità.

In questa formula i bisogni della società non vengono considerati, mentre esiste un fatto doloroso, rivelato dalle statistiche criminali: la delinquenza segna un continuo aumento. Di fronte all'imponenza

---

(1) *Puniture parens sed fas inseris clienti*. Virg., *Eneide*, VI, 609.

La legge, chiamata da Dionisio di tradimento, che colpiva quello che fosse, o che ... te venuto meno a' suoi doveri verso il patrono, o, patrono a' suoi doveri verso il cliente; e dava a chiunque facoltà di ucciderlo, come devoto e e egli diventava con ciò agli Dei infernali (Dion., II, 10), risponde alla legge VII, 21, delle XII tavole: *patronus si clienti fraudem fecerit, sacer esto* (Boschi, *St. rom.*, II, pag. 177).

di tal fatto è lecito chiedersi se la formula « difesa del colpevole contro gli eccessi e dello innocente contro gli errori dell'autorità », è sufficiente alla necessità della difesa sociale. Come si vede, è una formula negativa. Negando si distrugge, non si crea; ed essa distrusse l'empirismo feroce del medio evo. Ora che questo è infranto, ora quella formula deve essere allargata, integrata con la contemplazione dei bisogni sociali. La integrazione si compie sostituendo al razionalismo che demolisce il positivismo che riedifica, allo studio astratto delle idee la osservazione concreta dei fatti.

In medicina un tempo si studiavano, si descrivevano, si curavano le malattie come entità astratte e in modo astratto. Il medico, al letto del sofferente, si ingegnava soltanto di scuoprire qual malattia lo travagliasse. Convintosi, che, per esempio, era la febbre, la flogosi, egli, ricorrendo alle sue cognizioni nosologiche, combatteva la febbre, la flogosi, in sè e per sè, come enti astratti. E l'individuo malato, fosse di temperamento sanguigno, o linfatico, o nervoso; avesse, o no, precedenti creditarii o personali; vivesse sotto un clima asciutto o umido, in un paese settentrionale o meridionale; tutto ciò poco importava al nosologo. Egli curava le malattie, non questo ammalato.

Istessamente nel diritto penale, che è la medicina del corpo sociale. Il criminalista ha la sua nosologia, una scienza mirabile per struttura logica, la quale descrive e classifica le molteplici forme delittuose, e ad ognuna di queste contrappone il suo farmaco, la pena. Imbattendosi nel caso pratico il criminalista ricorre alle sue nozioni, e trova subito il nome del delitto; ricorre nel corrispondente formulario delle pene, e trova subito il rimedio. Siffattamente egli punisce i delitti, non il delinquente. Ma il delinquente è un individuo che ha le sue specialità organiche e psichiche; e membro di una società entro la quale nasce, si agita e delinque; ora questo studio concreto dell'individuo e dello ambiente non è stato mai fatto da chi ha studiato fin qui solamente entità astratte e forme. Per converso nello intendimento di chi primo applicava il metodo sperimentale alla scienza criminale, il delitto veniva considerato come fatto naturale, che doveva essere analizzato così nella persona singola del delinquente, come nell'ambito in cui essa si muove. E ciò per due ragioni potissime: 1°) affinchè, attesa la relativa impotenza della pena a reprimere il reato, si cerchi modo di prevenirlo, introducendo nell'organismo sociale le ameliorazioni e riforme che rendono sempre più difficile il reato, e gli tolgano incentivi; 2°) perchè, avvenuto il reato, colui il quale lo commise venga colpito con quella speciale pena e in quella misura che valgano possibilmente a emendarlo. In questo modo la formula classica si completa; la società trascurata vi trova il suo posto; viene ad essere ristabilita l'armonia fra i diritti dell'individuo che delinque e i diritti della società che è minacciata.

Queste idee, che già allo stato discreto vagavano nello spirito di molti, furono condensate in una sintesi stupenda da un giovine giurista italiano, ingegno possente e instancabile. Dall'Italia, onde era partito il grido di dolore invocante pietà contro gli eccessi del potere sociale, partì pure il grido di allarme di una società minacciata dal crescere dei crimini e dalla insufficienza della ideata dinamica delle pene.

Appena la nuova scuola posò le sue induzioni, impegnossi uno strepitoso dibattito. I vecchi campioni della ortodossia scesero in campo con ardore giovanile a spezzare una lancia contro gli iconoclasti, profanatori delle pure e belle imagini adorate nel mistico santuario del pensiero. Non si consuma tutta una lunga vita nella meditazione per tollerare che si assalga impunemente la nostra fede scientifica. All'ombra degli eroi si appostarono i piccoli combattitori, e di là, come la folla dei guerrieri trojani protetti dalla possanza di Ettore, ripulite le armi della vecchia metafisica, lanciarono filosofemi e parologismi contro coloro che opponevano fatti; vuotata la cornucopia della rettorica, piansero la società distrutta da coloro i quali insorgevano invece in nome dei bisogni di lei.

Il vero spirito della innovazione non era stato generalmente compreso. I grandi, usciti dal grembo della speculazione filosofica, sdegnarono scendere al modesto esame della esperienza. I piccoli, incuriosi di smidollare l'argomento, il che dava loro la pena di meditare, si attaccarono alle esagerazioni, alle iperboli, alle temerità, solito corteo che accompagna lo sbocciare di ogni nuova dottrina, e credettero di aver tutto capovolto quando ebbero riso della importanza veramente insulsa data ai diametri e alla circonferenza della testa, o qualche grado di più e di meno nell'angolo facciale o nella misura dinamometrica, o qualche impercettibile differenza nell'indice cefalico.

Francesco Carrara, chiuso nella corazza adamantina de' suoi sillogismi giuridici, rimase impassibile al suo posto. Non cedette un palmo di terreno, non patteggiò, non accordò niente. Ma, prode e cortese, combattè senza offendere; ferì senza umiliare. Aveva già riconosciuto impossibile dimostrare col ragionamento il perchè ad un reato si voglia infliggere piuttosto otto mesi che sei, piuttosto dodici che dieci anni di punizione; del resto non era mai andato oltre. Ed aveva anzi scritto: « Che c'insegna la storia del giure penale? Nulla » (1). Quella leggiera velleità rimase sommersa nella prepotenza del sistema.

Sicchè, dunque, riunendo le sparse fila del mio ragionamento, parmi poter conchiudere che Carrara portò lo studio astratto del reato ad una altezza insuperata, lasciando orma luminosa e incancellabile del suo genio nella scienza criminale; però la formula ultima di tutto il suo sistema, unilaterale e negativa, vuol essere completata per riguardo ai bisogni impreteribili della difesa sociale.

Ma dunque questa formula è cosa inutile, foglia secca nel grande albero della scienza criminale? È destinata, dopo avere confortato l'umanità, a irruginirsi tra i ferri vecchi dell'arcadia?

Tutt'altro. Quando la scuola che ora cresce superba di speranze,

---

(1) V. *Prog. e reg.*, VI, pag. 38.

di forze e di vittorie in nome della necessità sociale, sarà essa pure arrivata al periodo fatale del suo esaurimento, poichè nel mondo dello spirito è un agitarsi perenne di ciclo in ciclo: quando avrà tirato le ultime conseguenze del suo sistema, e, trascinata dalla logica di esso, avrà imposto, in nome della necessità sociale, esorbitanze che feriranno l'umanità nel recondito ma divino asilo delle sue bellezze morali, questa umanità minacciata dai corollari estremi di una teorica ne' suoi principii perfettamente vera, volgerà, risalendo la corrente del tempo, gli sguardi insino agli antichi suoi benefattori, affinchè ricordino all'egoismo la pietà, e come il necessario debba essere temperato dall'equo, e come la società possa essere presidiata senza violare la giustizia. Allora risplenderà incoronato di una nuova aureola di gloria il nome di Francesco Carrara; questo sovrano del pensiero, questo fido cavaliere dell'umanità, che per lei lottò nella baldanza degli anni giovanili, per lei negli anni faticati della vecchiezza, col sentimento e colla ragione, tra i libri e le leggi, sulla cattedra e nel foro.

Noi intanto, posti fra il declinare di un sistema e il sorgere di un altro, qualunque sia la nostra insegna, purchè credenti nella fede della scienza e devoti al culto della giustizia, inchiniamoci allo antico con omaggio di amore, salutiamo il nuovo con augurio di fortuna.

Printed by Libri Plureos GmbH in Hamburg, Germany